DATE DUE

LAS ARTES MARCIALES

LAS ARTES MARCIALES: DESARROLLO PERSONAL

BRYANT LLOYD

TRADUCIDO POR
DAVID MALLICK

Rourke Publishing LLC
Vero Beach, Florida 32964

© 2003 Rourke Publishing LLC

Consultant for this series: Michael T. Neil, master instructor of Korean
Martial Arts; head instructor of Mike Neil's Traditional Martial Arts Centers,
Batavia, IL.

EDITORIAL SERVICES:
Versal Editorial Group
www.versalgroup.com

Library of Congress Cataloging-in-Publication Data

Lloyd, Bryant. 1942-
     Las artes marciales:Desarrollo personal / Bryant Lloyd.
          p. cm. — (Las artes marciales)
     Includes index.
     Summary: Discusses briefly some of the personal and social benefits of studying
the martial arts including development of discipline, self-esteem, humility, courage,
and respect for others.
     ISBN 1-58952-443-8
     1. Martial arts—Psychological aspects—Juvenile literature. 2. Martial arts—Moral
and ethical aspects—Juvenile literature.   [1. Martial arts—Psychological aspects.
2. Martial arts—Moral and ethical aspects.]
I. Title II. Series: Lloyd, Bryant. 1942- Martial arts.
GV1102.7.P75L56 1998
796.8—dc21

Printed in the USA

TABLA DE CONTENIDO

Desarrollo personal 5

Ser un buen ciudadano 6

Valores 8

Respeto 11

La disciplina 12

La autoestima 14

La honestidad 17

La valentía 18

El carácter 20

Glosario 23

Índice 24

DESARROLLO PERSONAL

Cuando se piensa en las **artes marciales**, se piensa en defensa personal. Se imaginan manos como rayos y pies volando por los aires.

Las artes marciales sí desarrollan las habilidades físicas. Pero no son únicamente para lograr un bienestar físico.

Por lo menos en las artes marciales **tradicionales**, el entrenamiento que fortalece físicamente también puede ayudar al desarrollo personal. Parte del adiestramiento de las artes marciales es lograr tanto buenos ciudadanos como buenos practicantes.

Cada sistema de artes marciales tiene sus ventajas. Ninguna es mejor que otra.

Los pies voladores y la excelencia en la defensa personal son parte de un programa bien balanceado de artes marciales.

SER UN BUEN CIUDADANO

El ser un buen ciudadano significa dar tanto como tomar de la **sociedad**. Significa tratar de marcar una diferencia, tratar de lograr que el hogar, la comunidad, el pueblo y el país sean un mejor lugar para todos.

Un equipo de artes marciales practica para un evento para recaudar fondos.

La mayoría de los instructores animan a sus alumnos a ser buenos ciudadanos.

Muchos instructores de las artes marciales son portavoces en pro del buen **civismo**. Ellos animan a sus alumnos a trabajar en proyectos para recaudar fondos. Algunas veces, por ejemplo, un equipo de estudiantes de artes marciales puede ganar dinero para obras de caridad al hacer demostraciones de sus habilidades.

LOS VALORES

El ser un buen ciudadano significa tener ideales y valores elevados. El entrenamiento dentro de las artes marciales con frecuencia ayuda a promover esos ideales.

Los instructores en las artes tradicionales apoyan valores como éstos: la valentía, la humildad, el respeto, la disciplina, el auto control y la **autoestima**. Estos ideales se pueden llevar desde el salón de entrenamiento a todas las áreas en la vida de un estudiante.

El entrenamiento en las artes marciales ayuda a los estudiantes a tener experiencia con estos ideales. Con el tiempo, cada practicante de las artes marciales puede desarrollar un fuerte sentido de valores personales.

Los entrenadores de artes marciales ayudan a sus estudiantes a aprender tanto valores como las técnicas del arte.

El respeto

Los estudiantes de las artes marciales trabajan de cerca con personas que pueden ser diferentes a ellos. El respeto te ayuda a valorar a las personas que son diferentes a ti. El respeto entre los alumnos es una parte muy importante del entrenamiento tradicional de las artes marciales.

Dentro de las artes marciales, los saludos de mano, las inclinaciones y la cortesía —"Sí, señor", "No, señora"— son tradicionales. Eventualmente, estas muestras de respeto ayudan a fomentar un respeto genuino hacia los demás. El respeto pasa a formar parte integral del practicante.

El verdadero comienzo del karate es un misterio. Una leyenda sugiere que el monje budista, Ta Mo, lo inició hace casi 1,500 años.

El que practica un arte marcial aprende a respetar a las personas que son diferentes a él.

LA DISCIPLINA

El aprender un arte marcial depende de la disciplina. La disciplina es más que un instructor dando ordenes y una clase que le obedezca. Tener disciplina significa estrechar la distancia entre lo que haces y lo que debes de hacer. Significa saber lo que está bien y hacerlo —sin tener que esperar que se diga qué hacer.

Un instructor de artes marciales facilita a los estudiantes el aprender a disciplinarse.

La disciplina en el entrenamiento le permite a este estudiante romper una tabla de pino.

Al llegar a este punto, el practicante de las artes marciales se ha disciplinado. Ha tomado sobre sí la responsabilidad de hacer las cosas sin esperar a que le digan qué hacer.

AUTOESTIMA

Mírate en un espejoy mira dentro de tu corazón. ¿Te gusta lo que ves? El entrenamiento en las artes marciales puede lograr que te sientas mejor contigo mismo. Puede aumentar tu sentido de valor propio, o sea tu autoestima.

El éxito que puedes alcanzar en las artes marciales puede fomentar un sentimiento de valor propio. El entrenamiento en las artes marciales fortalece tu autoestima a través de buenas obras.

A mediados del siglo XX, varios estilos de artes marciales de Corea se combinaron. Estos estilos conocidos como "kwans", se convirtieron en tae kwan do.

La autoestima —el sentirse bien con uno mismo—es un beneficio de las artes marciales.

LA HONESTIDAD

Por supuesto que la honestidad requiere de decir la verdad. Dentro de las artes marciales el ser honesto va más allá que sólo decir la verdad.

La honestidad requiere de decir la verdad a uno mismo tanto como a los demás. Significa evitar los valores populares que se encuentran a tu alrededor si no son los tuyos. Quiere decir ser honesto en tus esfuerzos por aprender y en ejercitarte. Requiere de que te preguntes, "¿Estoy haciendo mi mejor esfuerzo? ¿Soy todo lo que puedo ser?"

Las artes marciales requieren de un esfuerzo honesto.

LA VALENTÍA

Los estudiantes de las artes marciales conocen la valentía. La valentía es demostrar valor, "coraje" —y más. Significa defender lo que es correcto, aunque no sea popular hacerlo.

La firmeza dentro del entrenamiento de las artes marciales fortalece el carácter tanto como la condición física.

El contacto físico dentro de las artes marciales requiere de valentía.

Ser valiente no es fácil. Pero es parte de lo que es ser un buen estudiante de las artes marciales y un buen ciudadano.

Los estudiantes de las artes marciales demuestran su valentía y determinación en la atención que le ponen a su entrenamiento. También muestran valentía al salir al auxilio de otros.

EL CARÁCTER

¿Qué tipo de persona eres? ¿Eres una persona de principios?

El entrenamiento en las artes marciales ayuda a formar un carácter firme. Te enseña a llevarte con otras personas de una manera adecuada y honesta.

Las artes marciales tradicionales, como el tang soo do, enseña los valores que se han visto a grandes rasgos en este libro. Un carácter con principios se ve en tu **comportamiento** —en tu conducta. A los practicantes de las artes marciales se les enseña a ser personas de primera.

Existen muchas diferencias dentro de un tipo de arte marcial, como en el karate. Estas diferencias dificultan las competencias entre las escuelas.

Los practicantes de las artes marciales muestran sus buenos modales —y carácter firme— tanto después como durante una competencia.

GLOSARIO

artes marciales — muchos sistemas de combate o maneras de pelear, que utilizan principalmente las manos y los pies

autoestima — el valor que se da una persona; la manera en que tú te ves

ciudadano — pertenecer a una comunidad

conducta — la manera en que se comporta una persona

sociedad — la comunidad que está a tu alrededor, con la cual compartes valores e ideales

tradicional — lo que se hace de la misma manera en que siempre se ha hecho

La enseñanza personalizada ayuda a los estudiantes de las artes marciales tanto en su desarrollo personal como físico.

ÍNDICE

artes marciales 5, 6, 7, 8, 9, 11, 12, 13, 14, 17, 8, 19, 20

    tradicional(es) 5, 8, 20

autoestima 8, 14

carácter 18, 20

ciudadano(s) 5, 6, 7, 8, 19

defensa personal 5

desarrollo personal 5

determinación 19

disciplina 8, 12, 13

entrenamiento 5, 8, 11, 13, 14, 18, 19, 20

estudiante(s) 7, 8, 11, 12, 13, 18, 9

habilidad(es) 5, 7

honestidad 17

instructor(es) 7, 8, 12

mano(s) 5, 8

pie(s) 5

practicante(s) 5, 8, 11, 13, 20

respeto 8, 11

valentía 8, 18, 19

RECURSOS ADICIONALES

Averigua más sobre las artes marciales con estos libros y sitios de información útiles:
Armentrout, David. Martial Arts. Rourke, 1997.
Blot, Pierre. Karate for Beginners. Sterling, 1996.
Potts, Steve. Learning Martial Arts. Capstone, 1996.
American Judo and Jujitsu Federation online —http://www.ajjf.org/ajjf.html
La página web de la oficina central de Shotocan Karate International (SKIF)
E.E.U.U. —
http://www.csun.edu/~hbcsc302/